Mit vielen Geschichten und

bunten Bildern

von

Janosch

Janosch ist der Autor der Fernsehserie
JANOSCHS TRAUMSTUNDE.

Er wurde 1931 in Zaborze (Polen) geboren,
lebte in Paris, München und wohnt seit 1980
in Spanien.

Er schrieb und malte über
200 Kinderbücher, Romane, Theaterstücke,
Fernsehsendungen u. a. m.
Seine Kinderbücher wurden bisher in
etwa 47 Sprachen übersetzt.
Er erhielt den französischen und deutschen
Kinder- und Jugendbuchpreis,
2 x die Goldmedaille Bratislava, den Prix Jeunesse,
Prix Danube, 2 x den Silbernen Griffel (Holland),
den Silbernen Pinsel usw.

Genehmigte Sonderausgabe für
Tandem Verlag GmbH, Birkenstraße 10,
D-14469 Potsdam
Gesamtherstellung: Tandem Verlag GmbH, Potsdam

ISBN 978-3-8427-0387-2

Inhalt

Hasenmotor, Antrieb vorne

Einmal hatte Schnuddel ein Tandem.
Rot! Ein Tandem ist, wenn vorne einer sitzt und hinten einer sitzt, und beide müssen treten.
Das Gute bei einem Tandem ist, dass man seinen Freund mitnehmen kann. Das Schlechte bei einem Tandem ist, dass es ein Freund sein muss, der lange Beine hat, die bis zu den Pedalen reichen, und starke Beinmuskeln.
Und Lust zum Tandemfahren muss er haben!
Nun hatte Schnuddel mehrere Freunde. Sein bester Freund war der Kanari. Der fiel aus, weil ein Kanari ein Flieger ist und kein Fahrer. Weil er die Kraft in den Flügeln hat und nicht in den Beinen. Weil er bestimmt keine Lust zum Tandemfahren hat, denn Fliegen geht schneller.

Schnuddels beste Freundin war Schnuddelpferdchen. Schnuddelpferdchen fiel aus, weil ihre Beine zu kurz waren, reichten nicht von oben bis unten, hätten die Pedale nicht einmal berühren können.

Hätte auch keine Lust zum Tandemfahren gehabt, denn ein Pferd ist ein Galoppierer und keine Radfahrerin.
Dann hatte Schnuddel noch seine Schwester, die Schnuddelsuse. Fiel aus, denn mit seiner Schwester fährt man nicht Tandem. Schwestern sind zu frech. Schwestern sind zu eigensinnig. Schwestern wollen nach links herum, wenn es nach rechts herum geht. Und umgekehrt.
Also nützte dem Schnuddel sein Tandem nichts.
Schade!
Aber Schnuddel war nicht dumm. Und zwar wohnte unten bei den Weiden der Hase Rudi. Ein ziemlich dummer Kerl, einer, der von nichts was wusste, dumm wie ein Hase sozusagen:
wohnt-imWalde-weiß-von-nix.
Aber er hatte Muskeln an den Beinen wie Eisen.
Rudi war sehr eigensinnig. Rudi machte alles umgekehrt, wie er es machen sollte, umgekehrt, wie man es von ihm verlangte. Aus Trotz.
Und das muss man wissen.
Schnuddel schob sein Tandem also zu den Weiden.
„Was hast du denn da?“, fragte Rudi.
„Geht dich nichts an“, sagte Schnuddel.
„Sag doch mal!“
„Nein.“
„Ist es ein Fahrrad?“, fragte Rudi.

10

„Besser“, sagte Schnuddel.
„Ein Fahrrad mit Motor?“
„Besser.“
„Was dann? Sag doch mal!“
Rudi schnupperte an den Schläuchen, den Sätteln, den Speichen.
„Na, sag doch mal!“
„Zwei Fahrräder“, sagte Schnuddel.
„Und mit Motor?“
„Sozusagen bald“, sagte Schnuddel, denn das war noch ein Geheimnis, aber wir werden es gleich sehen.
„Lass mich mal fahren“, sagte Rudi.
„Nein“, sagte Schnuddel.
„Warum nicht?“
„Weil das Rad für zwei ist. Vorn sitzt der Starke, hinten der Schwache. Vorne der Schlaue, hinten der Dumme.“
„Dann muss ich vorn sitzen“, sagte Rudi,
„und du hinten.“
„Umgekehrt“, sagte Schnuddel,
„ich vorne und du hinten.“
Und so ging das eine Weile hin und her, und Rudi wollte immer das machen, was er dachte,
und am Ende saß er natürlich vorn.
Klar, logisch!
Und Schnuddel hinten.

Das Gute bei einem Tandem ist, dass der Vordere nicht sehen kann, was der Hintere macht. Also kann der Hintere machen, was er will, beispielsweise nicht treten und sich gemütlich hinsetzen und die Welt betrachten.
Und genau das tat Schnuddel auch.
Setzte sich hin, und vorn trat Rudi wie ein Rennfahrer in die Pedale.
„Du bist doch nicht schwach?“, rief Schnuddel, „sonst müsstest du sofort nach hinten.“
„Aber keine Spur“, rief der dumme Hase Rudi und fuhr Schnuddel fabelhaft schnell durch das Land.
„Morgen sitze ich vorn“, sagte Schnuddel am Abend, als sie zurückkamen, „vielleicht bin ich doch stärker.“
„Aber nein“, sagte Rudi, „aber nein, ist doch logisch ganz klar, dass ich der Stärkere bin.“
Und so kutschierte er Schnuddel jeden Tag durch die Gegend – eine schöne Zeit war das. Eine sehr schöne Zeit für Schnuddel, und er hat viel gesehen.

Als Schnuddel einen Hasen fing

Einmal zog Schnuddel seine tapfere Latzhose an, denn er hatte Unfug im Sinn.
Wer seine Latzhose anzieht, hat Unfug im Sinn.
Er ging zum Schnuddelpferdchen in den kleinen Pferdestall und rief:
„Komm, wir fangen den Hasen Baldrian. Gehst du mit?"
„Oh, da komme ich sofort mit", rief das Schnuddelpferdchen. Denn auch Schnuddelpferdchen hatte immer Lust auf Unfug.
„Und wie sollen wir ihn fangen, sag?", fragte das Pferdchen Schnuddelhopp. „Mit einer Falle", rief Schnuddel.
„Aber wir haben keine Falle", sagte Schnuddelpferdchen.
„Wir bauen eine", rief Schnuddel.

„Mit was bauen wir denn eine Falle?",
fragte Schnuddelhopp.
„Mit Vaters großer Schaufel.
Erst müssen wir eine Grube graben."
„Und dann?"
„Kommt der Hase gehüpft und fällt hinein."
„Aber wenn der Hase die Grube sieht, dann fällt er nicht hinein, ein Hase ist doch nicht dumm",
sagte Schnuddelhopp.
„Sieht er aber nicht", rief Schnuddel,
„denn die Falle ist verborgen unter der Erde und zugedeckt."

„Womit denn zugedeckt?“, fragte Schnuddelhopp.
„Mit Laub und Stroh und Heu mitsamt einer guten Mohrrübe.“

Also nahmen sie Vaters Spaten, ein langes Seil, einen Eimer für die Erde mit, um den guten Hasen Baldrian zu fangen. Der gute Hase Baldrian aber war ein freundliches, ruhiges Tierchen und so arm wie eine polnische Feldmaus. Er hatte noch nie einer Fliege ein Haar gekrümmt, ernährte sich redlich von dem, was er auf dem Feld so fand. Auch hatte er schon vielen kleinen Vögelchen das Leben gerettet, wenn sie aus dem Nest gefallen waren. Er hatte noch nie etwas gestohlen, und wenn einer vorbeikam, der Hunger hatte, ließ er ihn an seiner Mohrrübe fressen.

Hätte er Geld gehabt, hätte er es dir geschenkt, das kannst du mir glauben. Kurzum, er war ein guter alter Mann, fast wie der liebe Gott.
Und dieses gute Väterchen wollt ihr fangen,
ihr Lümmel, ihr **Halunken**,
ihr Bösewichte?

„Nur ein wenig foppen und dann streicheln wir ihn auf dem Fell und lassen ihn laufen", sagt Schnuddel.
Alte Leute foppt man nicht, ihr Lümmel.
Hoffentlich geht das nicht gut aus
für euch.
„Voller Gier
schleichen hier
zwei Halunken durchs Revier.
Wollen einen Hasen fangen.
Mit Eimer, Schaufel, Seil und Stangen
wollen sie eine Grube graben.

Oh, ihr liederlichen Knaben!
Doch böse Taten geh’n, oh Graus,
für manchen manchmal übel aus.“

Das also ist … das … 

Vaters … 

der … 

und ein … 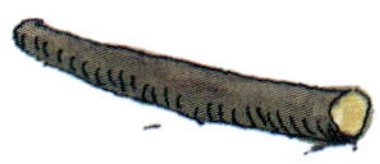

Als sie an den Weg kamen, wo der gute Hase Baldrian jeden Tag vom Markt kam, wo eine gute Frau ihm oft Gemüse schenkte, gruben sie dort eine tiefe Grube.
„Wie tief noch?“, frug Schnuddelpferdchen.
„Dreimal tiefer“, rief Schnuddel nach oben und band den Eimer mit der Erde an das Seil.
Schnuddelpferdchen zog den Eimer mit der Erde an dem Seil nach oben. Als die Grube einen Meter tief war, kletterte Schnuddel an dem Seil aus der Grube. Sie legten nun den Balken über die Grube und holten Äste und Zweige und Schnuddel lud alles das dem

Schnuddelpferdchen
auf den Rücken.
„So lade mir nicht so
viel auf den Rücken, du
Lümmel“, rief
Schnuddelpferdchen, „ich
bin doch nicht dein Pferd.
Ich bin deine Freundin, hörst
du?“
Also trug Schnuddel auch ein
Bündel und alsdann bedeckten sie die
Grube mit den Ästen, legten Zweige und Heu über die
Äste, und schon war die Grube unsichtbar.
Nicht einmal Schnuddel konnte
sie noch erkennen.

„Und nun legen wir
die Mohrrübe an diese Stelle
dort, denn die Mohrrübe ist der Köder."

„Was ist denn ein Köder?", fragte Schnuddelpferdchen.
„Ein Köder ist, wenn einer kommt und ihn essen will, weil derselbe seine Leibspeise darstellt, geht er in die Falle und die Falle schnappt zu, dann ist er gefangen. Das ist ein Köder."
„Wer ist gefangen?", fragte Schnuddelpferdchen.
„Der Köder?"
„Nein, der Hase", sagte Schnuddel.
Und als sie die Mohrrübe auf die Falle legen wollten, und weil die Falle so unsichtbar war, dass sie diese selbst nicht mehr sehen konnten, fielen ... sie ... beide ... hinein. Kopfüber in die dunkle Finsternis der Erde,

mitsamt dem Balken in die Tiefe der Dunkelheit. Wo sie nun verschmachten mussten. Da kam der Oberförster vorbei und hätte sie retten können, doch er sah sie nicht, denn er war zu weit weg. Dann flog der

Kanari vorbei und hätte sie retten können,
doch auch er sah sie nicht, denn er flog zu hoch oben,
fast in den Wolken.
Auch der Wanderesel Mallorca sah sie nicht,
ging vorbei, und keiner konnte sie retten.

„Die zwei Halunken müssen sterben
und in dem tiefen Loch verderben.
Müssen dürsten und verschmachten,
dieweil sie schlimmen Unfug machten,
hätten dem Hasen Baldrian
beinahe Übles angetan."

Dann aber kam der gute Hase Baldrian des Wegs.
War auf dem Markt gewesen.
Hatte dort ein
wenig Gemüse verputzt. War guter Dinge und pfiff ein Liedchen. Und weil ein Hase große und scharfe Ohren hat, hörte er unter der Erde jemanden jammern.
Und als er mit den Ohren

dorthin lauschte, fand er die Grube,
die beiden kleinen Lümmelchen,
nahm das Seil, ließ es hinunter und
rettete ihnen das Leben.

„Ja, ja“, sprach der große dicke Waldbär,
der alles weiß, was da geschieht,
„so geht es manchmal aus, ihr Leute.“

Und da hat er verdammt Recht.

Der Hase und die Maus

Ein besonders kleiner Hase hatte eine besonders große Maus geheiratet.
„Das kann doch nicht gutgehen“, sagten die Leute. „Der eine ist besonders klein, und die andere ist besonders groß, das passt nicht zusammen, das ist paradox.“

Aber dann führten die bei den eine schöne, glückliche, lange und lustige Ehe zusammen, bis ans Ende ihrer Tage.

So können die Leute sich täuschen.

Einmal hatte der Igel gegen den Hasen einen Wettlauf in einer Ackerfurche hin und her gewonnen. Der Igel hatte den Hasen hereingelegt. Jetzt hatte sich der Hase ein Tandem gekauft, um den Igel hereinzulegen. Jeden Tag sagte er: „Komm, wir fahren auf dem Tandem um die Wette. Wer die Nase am weitesten vorn hat, hat gewonnen. Du sitzt hinten.“

Wohl dachte der Hase jeden Tag, er hätte gewonnen, denn er hatte die Nase immer am weitesten vorn. Der Igel aber hob hinten die Beine hoch und ließ den Hasen allein treten.
Fuhr sozusagen jeden Tag umsonst mit dem Taxi spazieren.

So ist das im Leben. Schlau muss man sein.
„Was gibt‘s denn bei euch heute zu essen, Jungs?“ fragte der kleine Tiger. „Milchreis“, sagte der Hase. „Milchreis ist unsere Leibspeise. Gibt es jeden Tag, weil jeden Tag Leibspeise essen iss doch die totale Sause, oder nich? Uns hängt er aber schon voll aus den Ohren, wir können ihn nicht mehr sehen.“
Dann solltet ihr in den Milchreis ein paar Apfelstückchen hineinschneiden – und zwar roh! Also:

Erst den Reis sehr kurz in sehr wenig Wasser kochen, er darf nicht ganz weich gekocht werden. Milch, Zucker und eventuell ein paar kleingeschnittene Mandeln hinzufügen und sehr kurz aufkochen, so dass der Reis noch körnig ist. Kocht man ihn zu lange, wird er matschig. Kocht man ihn nur in Milch, wird er zu dick. Wenn er fertig ist, ein wenig Butter hinzufügen und rohe Apfelstücke hineinschneiden. Und auf jede Portion ein wenig Zimt streuen.

„Kenne ich“, rief der Igel. „Zimt ist gut für die Seele.“
„Und eine Messerspitze Salz in den Milchreis schmeckt volle Pulle besser“, sagte der kleine Tiger noch.
Als sie den Milchreis verspeist hatten, machten sie ein Nickerchen, denn Milchreis macht faul.

Aber dann sagte der kleine Tiger:
„Kommt doch mit zu uns nach Haus! Der Bär kocht heute eine Überraschungsspeise."

8,2
8,1

Sie fuhren los, vorneweg der kleine Tiger,
und auf den Feldern wurde gearbeitet.

Der kleine Bär hatte zur Überraschung Springforellen in Mandelkernsoße gebraten.

Die Forellen mit ein wenig gehacktem Knoblauch, Petersilie und Mandeln innen füllen. Außen salzen. In der Pfanne mit Butter anbraten, umdrehen und unterm Deckel noch mal fünf Minuten braten. Dazu Kartoffeln, mit Petersilie bestreuen.

„Ich esse keine Forellen mehr“, rief der kleine Tiger, „denn wir schwammen zusammen im Fluss, als sie noch lebten. Wir waren fast Freunde. Ich aber verspeise keine Freunde, welche einmal lebten wie ich und du.“
„Oh“, rief der Hase, „dann bissu ja ein Vegetarier, das bin ich zufällig aber auch. Ein Vegetarier iss, wenn jemand keine anderen Tiere verspeist.“ „Bin ich zufällig aber nicht, Freunde“, rief der Igel und schnappte sich die Pfanne mit allen gebratenen Forellen. „Denn

ich zum Beispiel esse sogar lebendige Würmer.
Das ist so meine Natur.“
Rannte mit der Pfanne und den Forellen hinters Haus und aß so lange, bis es ihm schlecht war. Lag dann dort auf seinem wehen Bauch. Zu viel gegessen. Ist nicht gesund.

Darauf ging der kleine Bär in den Garten und zog drei Mohrrüben aus der Erde.

Die Mohrrüben waschen und längs auseinanderschneiden. Etwas Salz, gestoßene Pfefferkörner, Mandelscheibchen und gehackten Knoblauch auf die Mohrrüben und dann in Butter in einer Pfanne braten, bis sie weich sind. Das dauert etwas länger (Deckel drauf, dann geht es schneller). Petersilie drüberstreuen und schon sehen sie fast aus wie Forellen.

„Und diese heißen", sagte der kleine Bär, „Gartenforellen für Vegetarier."
„Die schmecken aber voll gut", mümmelte der Hase. „Muss ich mir für den Igel aufschreiben, die muss er so braten. Leibspeise. Ich kann nämlich schreiben,

jedoch nicht lesen. Der Igel aber kann lesen, aber nicht schreiben. Ist komisch, oder?“

Und dann gab es als Nachspeise noch:

Mohrrüben und Äpfel zusammen gerieben.
Man kann ein paar Rosinen und Mandeln und auch Zitronen- oder Orangensaft hineinpressen.
Und Honig. Honig ist gesünder als Zucker.

Nach dem Essen legte sich der Hase neben den Igel hinters Haus. Hatte auch zu viel gegessen. Dort schliefen sie, bis es dunkel wurde, dann fuhren sie mit dem Tandem wieder heim.

JANOSCH
Schnuddels
2. Schultag.

Heute, am ersten Schultag, war Schnuddel viel zu spät in die Schule gekommen, hatte getrödelt. Hatte unterwegs seine Freunde besucht. War auch ein wenig mit Günters Boot auf einer Pfütze herumgesegelt. Und dann war er so spät in der Schule angekommen, dass alle schon zu Haus waren.

Doch dann hatte er in der Schule noch ein Wort lernen dürfen, nämlich:

ICH

weil es noch an der Tafel geschrieben stand. Nun konnte er also schon ein Wort lesen und auch ungefähr schreiben. Aber morgen ist Schnuddels 2. Schultag. „Morgen komme ich nicht zu spät in die Schule, Mutter“, sagte Schnuddel bevor er schlafen ging, „weil ich morgen noch einiges in der Schule lernen muss. Ich will nämlich alles wissen, verstehst du mich?“

„Na klar“, sagte die Mutter.
„Dann leih mir doch bitte deinen grünen Wecker, für den Fall, dass mein Wecker nicht funktioniert.“

Also lieh Schnuddelmutter ihm ihren grünen Wecker.
Sie brauchte keinen Wecker, sie stand von allein auf,
um mehr Zeit für die Lebensfreude zu haben.

„Und pass auf, dass er dir nicht auf den Fuß fällt oder so. Du bist so klein, und der Wecker ist so groß."

Dann sagte Schnuddel zu seinem Vater: „Ach, leih mir doch einmal deinen Wecker, lieber Vater, denn morgen komme ich in die Schule nicht noch einmal zu spät, das kannst du mir glauben."

Auch Schnuddelpapa lieh ihm seinen Wecker, denn auch er brauchte keinen Wecker. Er stand von allein auf, wenn die Sonne aufging. Ging dann in Wald und Feld und betrachtete das Leben der Tiere, lauschte auch dem musikalischen Morgengesang der Lerchen in der Luft und studierte die Spuren der Ameisen und Käfer.

Also hatte Schnuddel jetzt drei Wecker, die ihn wecken würden: den Wecker von der Schnuddelmutter, den Wecker von dem Schnuddelvater und den eigenen Wecker. Was konnte da noch schiefgehen?

NICHTS.

Obendrein baute Schnuddel noch eine
eigene hochinteressante Wecker-Erfindungsanlage.

Er hängte Vaters Rasierspiegel, welchen Schnuddelvater sowieso nicht brauchte, weil er sich nie rasierte, den hängte er genau dorthin, wo morgen der erste Sonnenstrahl durch das Fenster in die Bude kommen wird.

Dieser wird in den Rasierspiegel treffen, abprallen und seiner Schwester Schnuddelsuse direkt auf die Augen strahlen, dort in ihrem Schnuddelbett, und sie würde aufwachen und sofort Radau und Rabatz veranstalten, denn sie veranstaltete jederzeit und den ganzen Tag überall nur Radau und Rabatz, nicht zum Aushalten für unsere schwachen Nerven.

Und dann würde nämlich er, Schnuddel, von dem Radau und Rabatz aufwachen. Diese Erfindung war Gold wert.

Dann hätte er morgen jede Menge Zeit, würde gut und gemächlich frühstücken, also Nuss- und Mandelkerne mit Honig, Himbeeren und Brombeeren. Würde seine Sachen gemächlich zusammenpacken, also Bleistift, Kugelschreiber und Papier.

Indes würde Schnuddelmutter ihm das gute Schulbrot einpacken, also Kraftbrot mit Käse und Gurke und eine Tomate dazu. Und wenn möglich auch noch einen Butterkeks. Leibspeise der ersten Klasse.

Und dann würde er langsam und gemächlich in die Schule schlendern, unterwegs seine Freunde besuchen und immer noch als Erster ankommen. So viel Zeit wird er haben.

„Alsdann gute Nacht, Leute“, sagte Schnuddel und betrachtete noch einmal alle Wecker.

Und er schlief mit guten Nerven so tief wie eine Waldmaus im Winterschlaf.

Jedoch am nächsten Morgen: O je!!

Mutters Wecker weckte ihn nicht, weil er noch nie funktioniert hatte, er war schon kaputt gekauft worden.

Vaters Wecker konnte ihn nicht wecken, weil der wohl über hundert Jahre alt war und nie geölt.

Sein eigener Wecker weckte ihn nicht, weil Schnuddel ihn nicht eingestellt hatte, denn er wusste nicht wie. Und vor dem ersten Sonnenstrahl stand zufällig ein Blumentopf auf dem Fenster, das hatte Schnuddel nicht bedacht. Der Strahl traf den Spiegel nicht, der Spiegel blendete die Suse nicht, und die Suse machte keinen Radau und keinen Rabatz.

UND SCHNUDDEL WACHTE NICHT AUF.

Als er aber viel zu spät aufwachte, rannte er los wie vom tollen Hahn gepickt.
Nahm kein Frühstück mit, vergaß Papier und Kugelschreiber. Nahm nicht einmal seinen Hut mit und wollte wenigstens den Schulbus noch erwischen.

Rannte wie eine gehetzte Wachtel über die Wiese und sah dann – aus der Ferne – wie der Schulbus weit weit hinten oben auf der Straße davonfuhr.

„Alles verloren, dieser Tag ist für immer erledigt“, sagte Schnuddel und schoss eine Haselnuss als einen Elfmeter zwischen zwei Grashalme ins Tor, traf aber nicht einmal das Tor und schoss voll ins Aus.

„Da möchte man nicht mehr leben“, sagte Schnuddel und ging langsam nach Haus. Hatte nicht einmal Lust aufs Frühstück, und das Leben hatte keinen Sinn mehr. So hart war es.

Und als er da so ging und sich grämte und alles verloren war, hörte er ein Fiepen.

So ein Piepsen. So ein kleines Pfeifen irgendwo im Gras, wie eine Windharfe.

Als er danach suchte, fand er – da fand er das kleine Grasgespenst. Es war in eine Mausefalle geraten und hing mit dem Gespensterkleid hinten fest, rettungslos verloren, konnte sich nie und nimmer befreien und fiepte in der Not.

Aus – verloren – Sense – Schluss.

Als Schnuddel das kleine Grasgespenst unter Lebensgefahr aus der Mausefalle befreit hatte, wurden die beiden Freunde auf immer und ewig.

Auf ewig, weil Gespenster unsterblich sind, also jedenfalls über hundert Jahre werden sie alt, das ist sicher. „Wenn du einmal Kummer hast, alter Junge, sag es mir. Ich bin ein Gespenst und kann alles beschaffen."

Da erzählte Schnuddel, dass er sehr wohl großen Kummer hätte. Er käme nämlich jeden Tag rettungslos zu spät in die Schule, egal wie er es anstellte.

Und das schon so lange, wie er in die Schule ging: „Fast ein ganzes Leben."

Da schrieb das kleine Grasgespenst ihm auf ein Blatt von einem Baum, denn sie hatten kein Papier, eine galaktische Formel, kosmonautische Sternenzahlen.

Und sagte: „Wenn du diese Zahlen auf das Blatt Papier schreibst, welches du in die Schule mitnimmst.

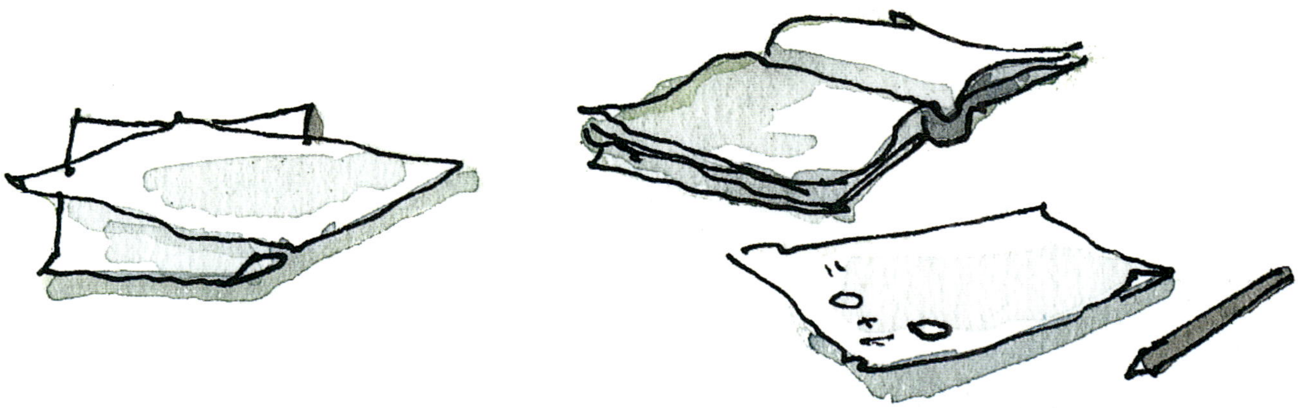

Und wenn du das Papier dann zusammenrollst. Und wenn du von links her in die galaktische Kosmonautenrolle hineinkriechst, geht die Zeit zurück. Immer zwei Stunden.

Du kommst dann am anderen Ende aus der Rolle heraus und bist zwei Stunden früher da.
Alles verstanden?“

Na klar hatte Schnuddel alles verstanden: „Wenn ich zum Beispiel zwei Stunden zu spät kommen würde, krieche ich durch die Rolle und bin schon vor zwei Stunden angekommen. Wow! Genau das habe ich gebraucht.“

„Und wenn du zweimal durchkriechst, kommst du vier Stunden früher heraus."
„Dreimal – –"–

„Sechs Stunden", rief Schnuddel.
„Und wenn du von rechts nach links hineinkriechst, kommst du auf der anderen Seite zwei Stunden später heraus."

„Und wenn ich hundertmal durchkrieche ..."
„Dann hundertmal zwei Stunden ..."
Und schon rannte Schnuddel los, rief noch: „Wir sehen uns später, Adio."

Das kleine Grasgespenst hauchte sich wieder als ein kleines Windhemdchen in die Wiese und verschwand. Vorläufig.

Schnuddel schrieb sofort die kosmonautischen Zahlen auf das Blatt Papier, konnte er jetzt schon ein Wort lesen und sieben kosmonautische Zahlen schreiben, was konnte da noch schiefgehen?
„Was machst du da?“, fragte das Schnuddelpferdchen, als Schnuddel die sieben Zeichen auf das Papier schrieb.

„Wirst du gleich sehen“, sagte Schnuddel, rollte das Blatt zusammen, kroch von links nach rechts durch, und als er am anderen Ende herauskam, war es zwei Stunden früher und Schnuddelpferdchen stand noch nicht neben ihm. Es war aber genau so früh, dass er noch im Bett lag. Rings um ihn standen die vielen Wecker und funktionierten nicht. Machte aber nix, denn er saß da im Bett und war wach. Wow!

Und seine Schwester schlief auch noch.
Also konnte er aufstehen, gemächlich die Hose anziehen. Dann die Schuhe.
Und gemächlich seine Mutter wecken, denn zu dieser Stunde schlief sie auch noch. Sie konnten gemächlich zusammen frühstücken.

Schnuddelpferdchen wachte von dem Lärm auf, und es gab Haselnusskerne und Mandeln, Himbeeren und Brombeeren, das alles mit Honig. Hier saß Schnuddel, dort saß die Mutter und Schnuddelpferdchen oben auf dem Tisch.

Schnuddelsuse hatte er nicht geweckt, damit sie beim Frühstück nicht durch Radau und Rabatz die Stimmung vernudelt.

Schnuddelpapa war schon in die Natur gegangen,
wollte heute ein paar Ameisenspuren verfolgen.
Alsdann machte die Mutter gemächlich das Schulbrot.
Nun wollte aber Schnuddelpferdchen auch in die
Schule gehen.
„Ich würde gern alles über Kirschblüten und
Maikäferzucht lernen."

„Nun denn“, sagte Schnuddel, „... wenn du das Gepäck trägst, – sollst du dabei sein.“
Und so machte also die Schnuddelmutter für Schnuddel zwei Kraftfutterbrote mit Käse, Gurke und Leinsamen.

Und für Schnuddelpferdchen zwei Kraftpferdefutterbrote mit Pferdchenkost, also mit Heu und Salat. „Nimm die Picknickdecke mit, denn wir haben massig Zeit. Wir können uns unterwegs ein wenig an der Natur ergötzen“, sagte Schnuddel. Ergötzen ist Dichtersprache. Also wickelte Schnuddelpferdchen die Kraftfutterbrote in die Picknickdecke, nahm Papier, Kugelschreiber und Bleistifte mit, und dann machten sie sich auf den Weg.

Vergiss deinen Hut nicht, Schnuddel,
es könnte regnen!
Als sie zu dem kleinen Teich kamen, war dort der Frosch Günter und badete. „Wo geht ihr denn hin, Leute?“, rief er.
„In die Schule“,
rief Schnuddel.
„Eilig?“

„Ach nein, wir haben viel Zeit, weil ich kann nämlich die Zeit ...“, aber was er konnte, sagte Schnuddel dem Günter dann lieber nicht. Muss ja nicht jeder wissen, was einer so kann. „Dann kommt doch ein wenig baden“, rief der Günter, „wir können uns im Wasser tummeln, Schweinchen und Ente spielen und uns mit Schlamm bewerfen.“

Das taten sie auch. Sprangen in das Wasser und beschmierten sich schweinchenmäßig mit Schlamm. Am schlimmsten war Günter, er besudelte den Schnuddel mit Schlamm und Lehm, dass es nur so krachte.

Macht nix.

Untergetaucht und schon wieder sauber. Das Schnuddelpferdchen machte die Ententauche, „Köpfchen in das Wasser, Schwänzchen in die Höh".

Das schöne Spiel dauerte über zwei Stunden.

„Macht nix", sagte Schnuddel und kroch mit dem Schnuddelpferdchen durch die Röhre, und sie hatten wieder zwei Stunden verdient. Nun gingen sie gemächlich weiter.

Alsbald trafen sie auf dem Hügel diesen Hasen, welcher so gern rannte.

Weil er immer siegen wollte. Erster sein.
Lummer hieß er. Mit diesen langen Beinen.
Konnte rennen wie der Blitz.

„Wo geht ihr denn hin, Leute?", fragte Lummer.

„In die Schule", sagte Schnuddel, „aber wir haben es nicht so eilig. Gibt es etwas Besonderes zu erleben?"

„Und ob", rief Lummer, „ich würde gegen einen von euch rennen. Wir laufen hier weg und wer in zwei Stunden eher wieder zurück ist, ist der Sieger. Geht ganz einfach."

Nun dachte Schnuddel:
„Den werde ich hereinlegen. Hasen sind ein wenig dumm, und er weiß nichts von meiner Zeitmaschinenrolle."

Also war Schnuddel einverstanden und ließ den Hasen schon einmal losrennen.
„Dann hast du ein wenig Vorsprung“, rief er ihm noch hinterher

UND DANN KROCH SCHNUDDEL IN SEINE ZEITMASCHINENROLLE.

Dachte, wenn er zwei Stunden früher herauskommen würde, wäre er bereits da, wenn der Hase zurückkäme.

Falsch gedacht, mein lieber Schnuddel.

Denn als er aus der Röhre herauskam, war er zwei Stunden vor der Zeit da, als er den Hasen traf. Musste also zwei Stunden warten.

Und als der Hase dann nach zwei Stunden ankam,
KAM ER NICHT VOM RENNEN,
sondern kam erst an und fragte:

„Wo geht ihr denn hin, Leute?“

„In die Schule“, sagte Schnuddel, „aber wir haben es nicht so eilig. Gibt es etwas Besonderes zu erleben?“

„Und ob“, rief der Hase, „ich würde gern gegen einen von euch rennen ...“

Da merkte Schnuddel, dass er zwei Stunden verloren hatte. Hatte hier unnötig gewartet. Hatte nun keine Lust mehr auf Rennen, sagte jetzt, nein, er wolle keinen Wettlauf, denn er müsse in die Schule. Er könne nämlich schon schreiben und lesen.

„Wieviel?", fragte Lummer.

„Was wieviel?"

„Wörter oder Buchstaben."

„Fast alles. Ein ganzes Wort. Nämlich ICH.

Würde es hier irgendwo geschrieben stehen, könnte ich es dir vorlesen."

Stand aber nicht geschrieben.

Und HÄTTE auch nicht geschrieben stehen können, denn Lummer konnte gar nicht schreiben, lesen schon gar nicht. Weil, ein Hase geht nicht in die Schule. „Schade“, sagte Schnuddel, „tut mir Leid, sonst hätte ich dir etwas vorgelesen.“

Also liefen Schnuddel und das Schnuddelpferdchen weiter, beeilten sich, wollten nicht zu spät kommen. Wollten auch nicht mehr durch die Zeitmaschinenröhre kriechen. Bekamen auch Hunger, denn gegen Hunger funktioniert so eine Zeitmaschine nicht. Du kommst wohl zwei Stunden früher heraus, aber der Hunger läuft weiter.

Also verfrühstückten sie ihr Pausenbrot und trafen dann das riesengroße Wildschwein.

„Tanzt einer von euch mit mir einen Lambada?“, rief das riesengroße Wildschwein, „weil Tanzen ist meine große Leidenschaft, dabiduba tschatscha ...“
Wohl tanzte auch Schnuddel gern den Lambada.

Und wohl tanzten auch schon der kleine Tiger und das kleine Spaghettischweinchen dort auf der Wiese. Wohl spielte die Dudelente auch auf der Harmonika.

ABER SCHULE IST AUCH SCHÖN.

Also liefen Schnuddel und Schnuddelpferdchen weiter, trafen auch bald noch Lili mit der Locke auf dem Kopf.

„Kommt ihr mit zur Geburtstagsfeier von Seyfried? Es gibt Torte mit und ohne Eis. Und Limo mit und ohne Zitrone. Also für jeden das, was er will, alles einmal mit und einmal ohne. Seyfried wird zweihundert Jahre alt."

Seyfried ist der Elefant mit dem Bügelbrett, wir kennen ihn schon, oder nicht? Wir kennen ihn.

„Ach nein, wir kommen nicht mit", sagte Schnuddel, „weil wir in die Schule müssen."
„Ich kann fast alles lesen und schreiben, aber ein paar Wörter fehlen mir noch. Wenn hier irgendwo das Wort hingeschrieben wäre, welches ich zum Beispiel schon lesen kann, könnte ich es dir vorlesen."

„Ich schreibe es hin“, sagte Lili mit der Locke auf dem Kopf, denn sie konnte sehr wohl schreiben. Doch ehe sie sich zweimal umgedreht hatte, waren Schnuddel und Schnuddelpferdchen schon weitergelaufen. Hätten ja auch durch die Zeitmaschinenröhre kriechen können.

Hätten dann Zeit gehabt. Hätten zu Seyfrieds Geburtstag gehen können und dort auf immer und ewig bleiben. Immer durch die Zeitmaschinenröhre kriechen. Wollten sie aber nicht. Hatten schon genug erlebt. Wollten jetzt lieber lernen.

Und bald überholten sie auch alle anderen, die dort auf dem Weg in die Schule waren.

Also die Grille.

Und die Mäuse.

Und den Schubkarrenzwerg.

Der Schubkarrenzwerg fuhr den kleinen Elefanten im Schubkarren, weil einmal fuhr der Schubkarrenzwerg den kleinen Elefanten und einmal schob der kleine Elefant den Schubkarrenzwerg im Schubkarren. Dadurch hatte immer einer von beiden es sehr bequem. Das macht man so unter Freunden. Einmal ich dich und einmal du mich. Als Schnuddel das sah, sagte er zum Schnuddelpferdchen:

„Dann trage du mich jetzt zuerst, und dann trage ich dich ein anderes Mal zuerst."
Na, wir wollen sehen, ob Schnuddel ein anderes Mal das Schnuddelpferdchen tragen wird. Schnuddel und das Schnuddelpferdchen kamen nur ein ganz klein wenig zu spät. Die Stunde hatte schon angefangen und Frau Hühnerchen fragte:
„Eins und null ist wieviel, meine Lieben? Na, wer weiß das?"

„Ist null“, rief eine Maus.
„Ziemlich falsch.“
„Oder zwei?“
„Auch ziemlich falsch.“
„Aber dann fünf.“
„Total falsch, es ist genau exakt EINS.“

„Das wollte ich sagen“, sagte die Maus.
So gut konnte die Lehrerin Frau Hühnerchen rechnen.
Aber WIR hätten es auch gewusst, oder nicht?
Rechenstunde zu Ende.

„Und nun“, rief Frau Hühnerchen nach der Pause, „beginnt die Lese- und Schreibestunde. Gestern lernten wir welches Wort? Na, wer schreibt es an die schwarze Tafel?“ Schnuddel.
Aber dann ...

OH JE.

Es war ziemlich falsch geschrieben.
Denn es fehlte?
Na? Was fehlte?
Wir wissen es, aber wir müssen es nicht sagen, denn
es ist ganz einfach:

NUR EIN BUCHSTABE FEHLT.

Ein Buchstabe ist halb so schlimm.
Und dann lernten sie ein neues Wort.
Dieses neue Wort können WIR schon lesen, wetten?

JEDER KANN DAS NEUE WORT LESEN.

Schnuddel schrieb es auf sein Blatt Papier, wo schon die sieben kosmonautischen Zahlen standen. Schrieb auch noch jenes andere Wort hin, welches er schon lesen konnte, und sagte: „Alles komplett, Kameraden, nun weiß ich alles."
„Na, mein lieber Schnuddel, da kommt morgen in der Schule wohl noch etliches dazu."
Und als die Schule dann aus war und der kleine Elefant nun den Schubkarrenzwerg im Schubkarren zog. Und weil Schnuddel nun das Schnuddelpferdchen wohl nicht tragen wollte, krochen er und das Schnuddelpferdchen durch die Zeitmaschinenrolle,

ABER UMGEKEHRT.

Du

Sie kamen nun nicht zwei Stunden FRÜHER heraus, sondern zwei Stunden SPÄTER.

Sie waren also schon zu Haus, als sie aus der Zeitmaschinenrolle herauskrochen.
Zwei Stunden später. Das war sehr günstig, denn sie brauchten nicht zu laufen.

So eine Zeitverschiebungsmaschine ist eine total gute Sache, könnten wir gut brauchen, oder nicht?
Wer so ein kleines Grasgespenst einmal fiepen hört, weil es in einer Mausefalle festhängt, sollte es befreien.

Es wird ihm die 7 kosmonautischen Zahlen schenken, mit welchen so eine Zeitverschiebungsmaschine gebaut werden kann. Und wer also das Glück hat, ein kleines Grasgespenst befreien zu dürfen, der wäre fein raus. Für immer und allezeit und zumindest, was die Schule angeht.